# PACTE NATIONAL

POUR

## RÉGÉNÉRER LA PATRIE

Par le Travail & la Science

***

## IMPOT UNIQUE : **UN POUR CENT**

La théorie des impôts est la véritable
législation des peuples.

Mirabeau.

## DÉMONSTRATION

## Par G. DORSO

Paris. — Février. — 1877.

Prix : 50 CENT. au profit de l'oeuvre

Librairie universelle de GODET Jeune

**Place des Victoires, 9**

ET CHEZ LES PRINCIPAUX LIBRAIRES

# PACTE NATIONAL

POUR

## RÉGÉNÉRER LA PATRIE

Par le Travail & la Science

---

## IMPOT UNIQUE : UN POUR CENT

La théorie des impôts est la véritable
législation des peuples.

MIRABEAU.

## DÉMONSTRATION

PAR G. DORSO

Paris. — Février. — 1877.

---

PRIX : 50 CENT. AU PROFIT DE L'OEUVRE

Librairie universelle de GODET Jeune
**Place des Victoires, 9**
ET CHEZ LES PRINCIPAUX LIBRAIRES

# INTRODUCTION

Je porte à la connaissance de mon pays l'énoncé de mes œuvres polytechniques qui ont exigé 29 années d'études multiples.

Il s'agit de régénérer notre Patrie par le travail et la science, et non par les combats sanglants qui deviennent de plus en plus problématiques, pour ne pas dire impossibles.

Témoin la fin tragique de Napoléon I$^{er}$ !... Il a fait massacrer quatre millions d'hommes pour étendre son empire ; il a épuisé la jeunesse européenne pendant huit ans de règne absolu, et cette omnipotence, fondée sur la force brutale, il l'a perdue en un jour.

AUTRE PREUVE : Annibal disait aussi pompeusement à ses compatriotes :
« Carthaginois ! j'ai battu les Romains, envoyez-moi des hommes.
« Sénateurs ! j'ai rançonné les Romains, envoyez-moi de l'argent, pour
« prendre d'assaut leur capitale par mes valeureux soldats. »

Oui, mais au lieu de vaincre, il fut vaincu, et cette défaite lui fit tout perdre en un jour.... Carthage fut détruite et toute la nation carthaginoise disparut comme une nuage.

Plus tard, les fameux Romains n'ont-ils pas disparu de la même manière ? Oui ! puisqu'en 476 de notre ère, de la plus grande nation batailleuse, il ne restait plus que le souvenir, par les vestiges de son passage.

Les tragédies des batailles ne servent donc qu'à faire mousser l'ambition de ceux qui veulent faire passer leur nom à la postérité, ne sachant rien faire autre chose que tuer les hommes.

Il n'y a donc rien de plus hasardeux que le jeu sanglant des conquêtes ; tandis que toute glorification conquise par le travail reste immuable et se grave dans la mémoire des autres peuples.

Voyez les arts grecs servilement copiés aujourd'hui par toutes les nations des deux mondes, ne pouvant faire autrement qu'admirer ces chefs-d'œuvre.

Suivons donc les principes des peuples travailleurs, comme les Egyptiens qui ont créé l'architecture et leur magnifique alphabet figuré, qu'aucun peuple moderne n'a même pu imiter.

Mais ce qu'il y a plus étonnant ; voyez les *Ninivites* qui, par le génie de *Sémiramis*, une femme d'un grand esprit, ont créé des merveilles que le monde entier admire encore de nos jours.

Quoi ! une femme de l'antiquité a produit des merveilles, et nous, travailleurs des temps modernes, hommes industrieux, nous resterions à l'état de plagiaires, tout en passant pour être incapables d'en produire de semblables ! Mais ce serait à désespérer de l'intelligence humaine !

A cette exclamation on va dire : « Mais aujourd'hui une merveille s'est
« produite chez nous ; voyez donc l'effet merveilleux de la photographie. »

Oui ! c'est vrai ; mais elle a été révélée par le hasard, comme on le sait fort bien, et nous en profitons, de par la grâce de Phébus !

D'un autre côté, les chemins de fer sont une copie grandie des *Couchis*, imaginés par les maçons égyptiens et posés par eux sur le limon des bords du Nil, pour rouler, sur des *Kaldras*, leurs pierres de taille servant à la construction des monuments de Memphis. Seulement, les Egyptiens n'étant pas mécaniciens, détruisirent *Couchis* et *Kaldras* après s'en être servi, ne présumant pas que leur système de locomotion ferait tant de bruit, trois mille quatre cent quarante-deux ans après en avoir fait usage pour la première fois.

Voilà ce qui arrive quand on ne sait, ou mieux quand on ne peut pas mettre de suite en pratique, de bonnes découvertes qui peuvent être utiles au pays, soit par mauvais vouloir ou par manque de fonds.

C'est encore vrai, mais aujourd'hui les choses ont changé de phase ; car il y a des capitaux en abondance, comme on le verra tout à l'heure.

A cette occasion, il me reste à dire ce qui suit :

## 2ᵉ ÉNONCÉ

Dans une précédente brochure (1), j'annonçais aux Marseillais l'apparition de réformes capables de satisfaire leur attente, concernant les réductions d'impôts qui pèsent si lourdement sur leur industrie spéciale, la fabrication des savons si renommés en tous pays.

Je commence d'abord à remplir ma promesse, car un homme sérieux doit toujours tenir, comme acte de foi, sa parole donnée : à plus forte raison quand il la signe..... En conséquence, il me reste à dire pour corroborer ma promesse faite à ce sujet :

Marseillais ! je vous soumets un nouveau petit livre, contenant le texte d'un contrat que je signe le premier et dans lequel vous verrez la liste de sept séries dénommées des œuvres qui vont être mises de suite en pratique, après la simple signature des autorités compétentes, à moins toutefois que nos hommes d'Etat s'y refusent formellement ; même sans encourir la moindre responsabilité, et dans ce cas, on ne peut pas supposer ce mauvais vouloir de leur part.

On ne peut même pas soupçonner qu'ils aient, dans leur esprit, la plus petite idée d'opposition ; surtout lorsqu'il s'agit de l'accomplissement d'une entreprise multiple, ayant pour but la régénération nationale réalisée par un travail de longue haleine.

Dans l'exposé de l'impôt à *un pour cent* — en tout et partout — vous verrez que les contribuables paieront **6 FOIS** *moins d'impôts*.

Dans l'énoncé du procédé fiduciaire, vous verrez qu'il y aura tous les ans plus d'*un milliard* d'excédant budgétaire. Ce milliard sera distribué à l'industrie, à l'agriculture, aux beaux-arts, etc., et, de plus, il sera versé tous les ans 300 millions au Trésor, pour amortir notre grosse dette consolidée de 28 milliards. Mais on peut se demander consolidée sur quoi ?... car l'État ne possède pas 200 millions de biens-fonds.

Il faut donc supprimer cette dette à tout prix ; et c'est ce que nous allons faire avec nos propres ressources.

C'est l'art de créer de grandes choses avec de simples combinaisons, et cela, sans exiger aucun versement de capitaux.

(1) Intitulée : *Angèle ou l'Enfant médecin, etc.*, chez le même libraire.

# CHAPITRE PREMIER

## INSTITUTION DES IMPOTS FORCÉS

Cette manière d'exiger de l'argent de ceux qui n'en doivent pas, est-elle donc si difficile à calculer pour déterminer la répartition ?

### PETIT PROBLÈME D'ARITHMÉTIQUE

Dernièrement, une classe de citoyens ayant l'habitude d'opérer simplement, a voulu savoir si on pouvait faire rapidement ce calcul de répartition des impôts, et, pour s'en convaincre, on fit venir deux jeunes adultes de 14 à 15 ans et on leur dit ceci :

« Nous sommes 750 dans cette salle ; nous avons 5,160 fr. à payer ; « combien chacun de nous doit-il verser pour faire ce paiement ? » Les enfants prennent leur plume, posent les chiffres, font la division et disent ingénûment : C'est 6 fr. 88 cent. pour chacun de vous.

« — Bien, mais il y a le cinquième de nous qui ne peuvent payer « aujourd'hui ; ces gens dépensent 2 fr. 50 c. par jour, combien les « autres doivent-ils payer ? » — Les enfants recalculent et disent encore : Les 600 payants de suite ont 8 fr. 60 à verser comptant, et les 150 crédités auront à prélever sur leur salaire journalier, soit 19 centimes chacun, pour s'acquitter dans l'année de la somme de 1,032 fr. qu'ils doivent à la société ; et alors leur dépense sera de 2 fr. 69 cent. par jour pour chacun d'eux, et c'est exact.

Après ce simple calcul, on a décidé, à l'unanimité, qu'il était tout à fait inutile de faire tant de tapage oratoire pour équilibrer notre budget, et surtout qu'il ne fallait pas CINQ ANNÉES pour faire cette opération arithmétique, puisque deux adultes de 14 à 15 ans l'ont faite dans l'espace de SEIZE MINUTES !

Ah ! J.-J. Rousseau a bien eu raison de nous dire cette vérité « La politique est l'art de tromper les peuples ! » Est-ce vrai ? Inutile d'en dire plus long sur cette question ; chacun sait à quoi s'en tenir, et d'ailleurs notre plaidoyer apprendra le reste.

Mais ce qu'il y a de plus risible, c'est de voir (en 1868), des orateurs nous dire, avec un aplomb pyramidal, cette billevésée : « Plus un gou- « vernement est endetté, plus il y a de personnes pour le soutenir, et cet « aphorisme prouve que la prospérité publique va toujours en aug- « mentant. Du reste voyez-en la preuve à Paris. »

O vous ! hommes sensés qui n'avez jamais travaillé à cette politique à rebours, croyez-vous, de bonne foi, que ces gens-là possèdent toute la plénitude de leurs facultés intellectuelles ?

Non, n'est-ce pas, car enfin, si une société commerciale ou industrielle est réduite à contracter chaque année un emprunt pour payer l'intérêt de son capital, il est bien évident que cette société là est à la veille de sombrer…. dans la banqueroute ; quand au contraire, celle qui réalise de vrais bénéfices, marche vers une prospérité réelle et croissante, dont les actionnaires recueillent tous les avantages d'une heureuse entreprise.

Or, convaincus que nous ne sommes pas sur un lit de roses, par le temps qui court, il est utile d'appliquer cette observation à l'État.

Car, les contribuables français lancent trimestriellement aux fonctionnaires fiscaux, un coup d'œil oblique qui, certes, ne dénote pas une satisfaction des plus vives !… Tristes nécessités du jour.

Ceci compris, arrivons aux questions contributives.

## CHAPITRE DEUXIÈME

### LES VIGNOBLES, LES VIGNES ET LE VIN

Ce liquide vermeil, qui donne de la vigueur aux travailleurs de toutes catégories, a déjà préoccupé bien des esprits ; et M. Ménier, député de Seine-et-Oise, entre autres, a prouvé péremptoirement que la vigne **payait 16 fois l'impôt !** Il est donc avéré que le vin, bu chez le détaillant, a été frappé seize fois par la griffe du fisc.

Décidément, cette griffe-là est plus acérée que celle de l'aigle royal.

Il ne faut donc pas s'étonner de voir qu'on travaille les vins (ordinaires) comme des juleps pharmaceutiques. Dans ce cas, le vin devient tout ce qu'on voudra… excepté du vin pur.

Mais l'impôt le plus inconcevable est celui qui nous montre un hectolitre de 3/6 à 90 degrés, valant de **50 à 62 fr.** : moyenne **56 fr.** et qui paye **119 fr. 88 c.** d'entrée, soit 104 °/₀ de fiscalité : moitié plus qu'il ne vaut ; suggérant ainsi un inconvénient désastreux pour une foule d'industries, comme on va le voir ; car, avant 1868, les chapeliers employaient l'alcool pur pour faire l'apprêt imperméable de leurs chapeaux, mais depuis que ce précieux produit a été si épouvantablement imposé, ces industriels emploient un équivalent (en diminutif), mais leur apprêt est devenu une véritable panade…. et bien d'autres industries sont réduites à recourir aux mêmes expédients.

Or, non seulement les surtaxes nous font tomber dans une décadence désolante ; mais les étrangers rient de nos inepties.

Double raison pour rejeter cette pieuvre fiscale au fond de l'océan.

# CHAPITRE TROISIÈME

## CONTRIBUTION DES PORTES ET FENÊTRES

La plus inqualifiable qu'il soit possible d'imaginer.... aussi, permettez-moi de flageller, comme il convient, certains orateurs des régimes déchus qui, pour faire de l'esprit, ont fait ce discours ronflant :

« Quoi ! Français, vous voulez avoir de l'air et du soleil dans
« vos logements ; parce que, dites-vous, toute plante privée de soleil
« s'étiole et meurt.... De même, toutes maisonnettes qui ne sont pas
« suffisamment éclairées ou aérées sont malsaines ; l'air se vicie, devient
« nauséabond à faire pleurer les enfants, et les habitants de ces loge-
« ments insalubres, étant privés des rayons solaires, s'étiolent comme
« les plantes, languissent dans une consomption énervante et meurent !...
« à la *peine !*

« Mais, pour fiche de consolation, nous devons vous dire que la France
« possède un roi soleil qui sait tout vivifier ! Jusqu'à la dette publique !
« qu'il a magnifiquement créée ! Aussi, voyez si tous les autres soleils
« comme lui n'ont pas suivi son exemple, à la lettre, pour démontrer la
« supériorité de son idée ingénieuse, et qui n'est pas une utopie, celle-
« là ! puisqu'elle est mise en pratique dans toute la force.... du *terme !*

« Or, si nous avons aujourd'hui la mansuétude d'écouter votre ré-
« clamation, plus ou moins fondée, vous devrez comprendre à votre tour,
« que l'État.... du Roi soleil..., a des besoins impérieux qu'il faut sa-
« tisfaire sans sourciller, et conséquemment, si vous voulez que le soleil
« du firmament darde ses rayons dans vos logements pour les assainir,
« notre soleil terrestre veut bien condescendre à vous octroyer cette con-
« cession, toute royale ! mais à la condition que vous paierez **14 sols**
« (**70** centimes) par fenêtre ; et **20** fr. par porte cochère ! ou sans quoi
« il les fera murer illico ! Et, si vous raisonnez, souvenez-vous des
« *Dragonnades,* des *Cévennes ! Amen !* »

Depuis cette époque de saintes furies, les Français sont assujettis à cette inqualifiable contribution qui n'accorde la lumière aux contribuables qu'en la leur faisant payer au centuple !

Travaillez donc, de gaîté de cœur, à héberger des personnages de cette trempe-là ; c'est à se demander si la vieille politique n'a pas la triste vertu de faire perdre l'esprit à tous ceux qui s'en occupent.

Il me semble qu'il suffit d'énoncer de pareils faits, pour faire com-prendre l'atroce absurdité de cette contribution, imposée au détriment de l'hygiène publique ; car véritablement, ce n'est plus là un impôt raisonnable : c'est une atteinte porté à la vie humaine.

Ainsi donc, puisque depuis 1830 nous avons constamment subi la loi fiscale de ces superbes *légiféreurs,* sans jamais obtenir la moindre satisfaction civique, je vais proposer une autre combinaison.

## CHAPITRE QUATRIÈME

### NOUVELLE TAXE UNIQUE DE CONTRIBUTION

Quand on a sur le dos une double dette fiscale et municipale de **34 milliards !** il faut trouver beaucoup d'argent pour servir l'intérêt de cette Dette, qui s'élève à plus d'**un milliard** 400 millions par année. Mais, lorsque cette dette sera amortie, les contributions suivantes seront supprimées, ou du moins fortement diminuées, quoique très peu élevées.

### DÉMONSTRATION DE L'IMPOT A UN POUR CENT

Toutes les productions agricoles, industrielles et autres, ne paieront plus que **1** du cent ; **un franc** *pour cent francs,* 1 *centime du franc,* pour tous les objets vendus dans toute la France et l'Algérie, et encore les *octrois* des villes seront-ils entièrement supprimés.

Voyons maintenant la simplicité de la combinaison.

### QUESTION DES VINS

Les vins de cru se vendent suivant leur degré alcoolique qui fait la qualité, et celle-ci détermine le prix, sauf toutefois les vins de grande renommée qu'on vend à des prix fabuleux.

Les vins ordinaires varient entre 30 et 60 fr. la pièce de 228 litres, dont le prix moyen est de 40 fr. la pièce, à 8 ou 9 degrés.

Mâcon est la ville de distance moyenne entre les vignobles et Paris, et le transit de chaque pièce est de 6 fr. rendue en gare, plus le transport de la gare à domicile, 3 fr. ; total : 9 fr. de trafic.

Pour toute contribution, le vigneron pose, sur le fond de sa pièce, un timbre d'affranchissement de **40** *centimes,* pour son vin vendu 40 fr. la pièce, à tout particulier ou marchand, n'importe.

Cette pièce, arrivée en gare à Mâcon, la Compagnie P.-L.-M. pose à son tour un autre timbre de circulation de **9** *centimes,* et dans ce cas, voyez si la fraude est possible.

Car le vigneron, qui respecte sa dignité de profession, dit : (par son timbre).... moi, j'ai vendu mon vin 40 fr. la pièce, et la Compagnie du chemin de fer dira à son tour : Moi, j'ai pris 9 fr. pour transporter cette pièce de Mâcon à Paris et de ma gare parisienne à domicile, mon timbre en fait foi.

Un autre propriétaire du Clos-Vougeot dira : Moi, j'ai vendu mon vin 400 fr. la pièce de 225 litres, et mon timbre de 4 fr. en donne la preuve, à raison de 1 p. 0/0 d'impôt.

Dans ce cas, le mécanisme du prix et de la perception est ainsi établi :

### COUT GÉNÉRAL DES VINS ORDINAIRES

Prix moyen de la pièce de 228 litres, pour le vigneron :   40 fr.

Droit de vente, perception pour le fisc à 1 p. 0/0. . .   40 c.

Droit de circulation et double transport jusqu'à domicile. . . . . . . . . . . . . . . . . . . . . .   9   09

Total du coût de la dite pièce. . . . . . .   49 fr. 49 c.

Maintenant veut-on établir un droit de régie pour l'entretien des villes ? On payait jadis 2 fr. 50 pour la dite pièce ; mettons 3 fr. comme taxe unique partout, servant à l'entretien des chemins vicinaux, intérêt agricole, etc., ci . . . . . . . . . . . . . . . . . . . .   3 fr.   »»

Pourboire aux garçons du transport à domicile. . . .   1 fr.

Total général du coût. , . . . . . . . . . .   53 fr. 49 c.

Voilà le prix total des vins ordinaires, ainsi vendus et livrés en cave de l'acheteur ; à cette condition, le vin à Paris coûterait : **0 fr. 24 c. le litre** ! juste le prix qu'exige aujourd'hui les octrois de cette ville.

En tolérant un 10ᵉ d'eau, comme on fait actuellement, les marchands de vins le vendraient de 30 à 40 c. le litre, et gagneraient encore de 35 à 40 p. 0/0 ; soit, 20 fr. par 225 litres, qui, à 1 p. 0/0 d'impôt, c'est 20 c. à payer par pièce.

De cette manière, tout contrôle est inutile par la modicité d'imposition, et cela toujours avec un seul modèle de timbre.

A propos de timbres, faisons remarquer en passant que la création d'un timbre unique, qui servirait à tous les usages qui nécessitent leur emploi, supprimerait une complication inutile et souvent gênante. N'est-il pas absurde d'avoir des timbres *spéciaux* pour affranchissements de lettres, quittances, effets de commerce, affiches, etc., etc., alors qu'il serait si simple d'avoir un *timbre unique* de différentes valeurs pour tous ces usages?

### QUESTION DES TERRES

#### IMPOT DES PROPRIÉTAIRES CULTIVATEURS

Les champs, vignes, prairies, et autres, sont estimés d'après leur rapport :

Tel champ rapporte, par exemple, 15 hectolitres de blé en moyenne par hectare, à 28 fr. l'hectolitre, font 420 fr. de produit brut ; mais il y a son travail à déduire : labour, moissonnage, etc., compté à raison de 120 fr. par hectare ; qui de 420 retire 120, reste 300 fr. de revenu ; à 1 p. 0/0, c'est 3 fr. d'impôt foncier par hectare.... Mais alors c'est *tout !* Il n'aura plus rien autre chose à payer.

Il en serait de même pour les maisons en location, usines, etc.

Car enfin, du moment que les dites maisons paient *tant du cent* (sur le revenu), il faut que tout le monde soit logé à la même enseigne, ainsi que nous allons le prouver péremptoirement.

#### DEVISE NATIONALE

Est-il vrai que tous nos monuments publics portent au-dessus de leurs portiques ces mots : **Liberté! Égalité ! Fraternité!** oui, c'est incontestable. Mais est-il vrai aussi que tous les français sont égaux devant la loi ? A cet énoncé beaucoup diront : « Oh ! pas tant « que devant la mort ! car l'inflexible Parque tranche le fil de la vie « humaine sans sourciller, et cela sans avoir égard ni au rang, ni à la « fortune du moribond. » Or, il faut que l'égalité existe devant l'impôt, comme devant la loi. Quant à l'impôt progressif, celui-ci ayant été une des causes de la guerre de 1870, qui fit surgir une grande catastrophe, *rayons-le*, et démontrons la valeur de l'impôt *unique* qui nous occupe.

Un propriétaire d'immeubles en location, a 5,000 fr. de revenu, à 6 p. 0/0, taux actuel, il paie 300 fr. d'imposition multiple.

Un autre propriétaire (idem) a 20,000 fr. de revenu ; jadis il payait sur le pied de 9 p. 0/0, et alors il avait à verser 1,800 fr. au Trésor. Oui, mais au détriment des locataires qui payaient en conséquence leur loyer, et non pas de 6 à 9 p. 0/0 en plus, mais de 15 à 20 p. 0/0 plus cher. Aujourd'hui, pour reconstituer la Devise Nationale en cette matière, ces contribuables payeront : le premier ayant 5,000 fr. de revenu, payera **50 fr.** nets, soit **1 p. 0/0.** Le deuxième, ayant **20,000 fr.** de revenu brut, paiera **200 fr.** nets d'imposition ; taxe qui augmente en raison du chiffre de rente, mais elle est égalitaire. C'est toujours **1 p. 0/0** pour tout le monde.

Pas d'injustice s'il vous plaît, en quoique ce soit ; il faut que le nouvel état de choses soit d'une droiture irréprochable en tout et partout. En fin de compte, les gros contribuables paieront **6 fois moins** d'impôts. Mais je le répète : tout le monde doit être logé à la même enseigne. Depuis longtemps on commence par imposer ses compatriotes et on leur dit : « *Faites des affaires si vous le pouvez, mais payez d'abord.* » Avec nous ce sera l'inverse ; si vous ne faites pas d'affaires, vous n'aurez **rien** à *payer* ; et c'est logique.... Il y a là une combinaison d'une grande portée : — L'État doit une existence convenable à tous ses citoyens.

### QUESTION DES BOIS

L'impôt, sur les bois abattus, se percevrait de la même manière que pour les vins. Tout acheteur de bois en grume exigerait que le timbre d'affranchissement soit posé sur chaque pied d'arbre avant de l'enlever de la forêt où il croissait.

Dans ce cas, l'administration ferait imprimer *deux sortes* de *timbres* d'impôts : 1re sorte, en fort papier pour les objets renfermés ; 2e sorte, timbre en **étain fin**, pour les objets qui doivent rester dehors.

Un beau pied d'arbre est vendu 50 fr., on cloue dessus un timbre de 50 c. ; mais il n'a plus rien autre chose à payer, ni autre impôt, ni octroi.

OBSERVATION : Pour l'article *bois*, il y a une grande réforme à faire, dans l'intérêt de notre industrie forestière : réforme que j'indiquerai en temps utile, et alors on comprendra toute l'importance de cette combinaison, car véritablement le commerce des bois se fait aujourd'hui d'une manière déplorable. On se demande comment on a pu laisser cette branche commerciale dans un tel état de déperdition, dont les autres branches industrielles de même ordre supportent les tristes conséquences, et cela au préjudice de notre intérêt général.

### QUESTION DE L'ENREGISTREMENT
#### A TANT POUR CENT

La plus abominable taxe fiscale qu'il soit possible d'imaginer, parce qu'elle fait autant de tort à l'État qu'aux affaires en général ; sur mille feuilles de papier timbré vendues pour actes sous seing privés, il n'y en a pas

**50** qu'on fasse enregistrer, par la seule raison qu'il faudrait payer de 60 à 2,000 fr. et plus... pour un coup de griffe fiscale. Plus tard, les contractants se brouillent — 950 fois sur mille, — la désunion arrive, la rupture suit de près, et quand on veut faire régler ses intérêts par les juges compétents, ceux-ci vous disent : « Mais, monsieur, votre « traité n'est pas enregistré, il n'a aucune valeur, n'étant pas en règle ; « et conséquemment vous en êtes pour vos frais. » De là résultent des complications commerciales et industrielles, des complications fiduciaires et judiciaires, des complications de créances et de dettes privées, des complications dans les successions et les textes textamentaires, des complications dans les actes religieux et dans les devoirs de familles, des complications dans les idées technologiques et politiques plus que jamais ! Des complications en haut, en bas, à *droite*, à *gauche*, et enfin, des complications partout !

A coup sûr, un arlequin n'a pas autant de couleurs *chamarresques* à son maillot que cette pauvre France en a à son accoutrement.

Aussi, tout homme de bon sens en arrive à se dire qu'une telle civilisation si tortueusement compliquée ne peut vivre ainsi longtemps.

Essayer d'affirmer la continuation de cette situation embrouillée, ce serait vouloir se faire passer pour un fanatique de la pire espèce. Et pourtant de vieux hoberaux blasonnés prétendent encore *sauver* la France — compliquée ou non — par la seule *vertu* de leur divine baguette !

Mais c'est du pur Don Quichotisme cela ; car à ces *sauveurs*-là, qui n'ont jamais pu se sauver eux-mêmes, nous disons :

« Prétendants ambitieux, vous aurez beau pérorer dans vos conci- « liabules, il vous faudra trouver tous les ans : **un milliard et** « **demi**, pour servir l'intérêt de cette grosse Dette publique de 34 « milliards ! Et alors, est-ce que vous vous figurez, par exemple, que « ce serait avec des phrases royales, des mots ronflants ou de l'eau de « *Lourdes* qu'on pourrait régénérer une nation si fortement obérée, et « surtout si extravagamment compromise en tout.... par vos congé- « nères ! Non ! n'est-ce pas ? Eh bien, tenez vous pour avertis sur « ce point. »

### RÉSUMÉ DE L'ENREGISTREMENT

Il nous reste à dire pour simplifier parfaitement cette perception :

Le timbre percevrait **un franc cinquante centimes** pour chaque enregistrement de tout acte ou traité signé en *simple, double* ou *triple* expédition, et cela, quelle que soit l'affaire que l'on fasse enregistrer, cela ne regarde pas le *fisc*, ce n'est pas son affaire.

Un État, vraiment bien organisé, doit encourager les bonnes affaires nationales ou privées, ayant pour but d'élever sa dignité, et ne doit jamais TRAFIQUER avec son papier timbré !... ou alors, ce n'est pas un État rationnellement constitué, mais bien un système de rançonnage. Aussi, voulant élever sa dignité au suprême degré, dans toute l'acception du mot *État*, je vais proposer le **Pacte national** qu'on lira plus loin.

QUESTION DES OBJETS DIVERS

En suivant la même règle que pour les vins et les bois, tous les articles industriels seraient affranchis d'impôts avant de sortir de la fabrique. Chaque paquet de 50 ou 100 petits objets porterait un timbre comme suit :

**Exemple** : 100 boutons acajou, valant 5 centimes pièces, font 5 fr.; mais le bénéfice brut n'est que de **1 fr.**, le fabricant pose sur e paquet un timbre-impôt de **1 centime**, et le voilà quitte avec le fisc.

**Autres exemples** : un imprimeur reçoit 12 rames de papier pour son industrie, à 12 fr. la rame, font 144 fr., mais il est avéré que le papetier n'a que 30 fr. de bénéfice brut, alors il pose un timbre de **30 centimes** sur le paquet des 12 rames, et il l'envoie à son client.

D'un autre côté, les imprimeurs portent sur leurs devis : Etoffes, encre, et menus frais, 10 p. 0/0 ; dans ce cas, tel ou tel imprimeur empaquette son mille de livres imprimés, et s'il a 30 fr. de bénéfice brut, il pose également un timbre-impôt de 30 centimes, et envoie ces livres à son client, soit franco ou non, ceci est conventionnel ; et voilà des industriels libres vis-à-vis du fisc : ils n'ont plus rien à payer. Même règle à suivre pour tous les autres objets imposables.

**Autre exemple :** les céréales ne doivent payer aucun impôt; mais un sac de farine de 159 kilos produit 100 pains de 2 kilos ; or, si le meunier gagne 2 fr. pour sa mouture et le boulanger 15 fr. par sac, le premier pose deux timbres-impôt sur le sac : un de **2 centimes** et un autre de 15 c., que le boulanger lui remboursera ; et voilà encore ces deux autres industriels quittes avec le fisc.

Dans cette hypothèse, il n'y aura que les *faiseurs*, ou tous ceux qui ont des trafics, dont le **produit brut** est **inavouable**, qui trouveront à redire à cette forme d'impôt, à 1 p. 0/0 sur le revenu, ou le bénéfice brut ; mais les honnêtes gens l'approuveront. Voici d'ailleurs une raison déterminante pour l'établir.

## SUPPRESSION DES IMPOTS VEXATOIRES

L'impôt des portes et fenêtres, les cotes personnelles et mobilières, et surtout les exécrables **Patentes** ! Celles-ci seraient remplacées par des titres honorifiques équivalents, ou brevets de capacité, pour tel ou tel état exercé et délivrés aux industriels, agriculteurs, commerçants, etc., par les autorités compétentes, comme on délivre depuis longtemps des diplômes de capacité aux médecins, chimistes, herboristes, etc. Par ce moyen, on verra, au bout d'un an d'exercice de cet impôt que les complications et les fraudes de toute nature disparaîtront de nos relations commerciales et industrielles, mais à la condition que les octrois *urbains* seront supprimés. Cette suppression doit avoir lieu pour une triple raison morale, politique et civique, puisqu'il est avéré que les octrois sont les instigateurs des fraudes, les stimulants des vices et les pourvoyeurs de prisons !

L'honneur national nous commande donc de supprimer, à tout prix, ces octrois qui varient *trente-cinq mille fois* en France. Mais **le personnel serait conservé** pour contrôler toute déclaration d'articles envoyés à telle ou telle personne... Principe de sécurité publique.

### OBSERVATION ÉDIFIANTE

A cet énoncé, les optimistes, les brouilleurs de cartes, les enrayeurs du char national, et les fabricateurs de sinécures, vont s'écrier :

« C'est trop simple ! C'est trop beau ! C'est trop facile à réaliser ! Nous « ne pouvons pas accepter une combinaison aussi économique, allez au « diable ! détestables *Novateurs*, et laissez-nous faire nos petites com- « plications *sinécuriques*, qui nous rapportent tant d'argent ! »

Voyons, combien de personnages prononceront cette furibonde diatribe à l'énoncé de cette combinaison, prescrivant une organisation qui est le précurseur de la régénération nationale ?

Oh ! nous le saurons bientôt, car nous avons chez nous beaucoup de politiciens empiriques, atrophiés, auxquels les complications du fisc ont si bien fait tourner la tête... vers les délices de la vie matérielle, qu'ils sont incapables de revenir à des idées saines, rationnelles, simples et pratiques, du moment qu'elles contrarient leur *sybaritisme*.

Aussi, notre devoir est de les mettre au pied du mur, par la seule raison que nous nous y mettons nous-mêmes ; et d'ailleurs, on va voir par le texte du contrat suivant, l'énorme responsabilité que j'assume sur ma conscience ; mais quand je pose les termes d'un problème, c'est exactement comme s'il était déjà résolu. Et, du reste, j'en fournirai les preuves en temps utile.

# CHAPITRE CINQUIÈME

## QUESTION FINANCIÈRE

### EXPLICATION

On m'a recommandé de ne pas nommer le titre financier qui entraînerait à une trop longue explication, mais ce moyen, annoncé en 1848, empêché par le coup d'Etat, a été imprimé en octobre 1871, et déposé ; la description modifiée de 64 pages, a été terminée en 1872 ; il y a plus de 2,000 chiffres, et alors on comprend que ces longs détails techniques seraient fastidieux ici..

Je ne puis donc donner qu'un *résumé* qui sera suffisant.

### PROCÉDÉ FINANCIER

Ce nouveau mode de transactions commerciales ne change rien aux habitudes actuelles ; il ajoute un bien être de plus et voilà tout.

Il n'y aura qu'un bon entendement à faire : ce sera celui de rendre uniforme l'escompte qu'on accorde aujourd'hui à tout client achetant en demi-gros et au comptant... — Plus de crédit, il est dangereux.

Les uns accordent 2 p. 0/0 ; les autres 5 p. 0/0 ; ceux-ci de 10 à 15 p. 0/0 ; ceux-là de 15 à 30 p. 0/0, d'où il résulte une complication diabolique. Car enfin, on dit depuis longtemps de celui qui gagne 1,500 fr. par an : son salaire représente un capital de 30,000 fr. à 5 p. 0/0 d'intérêt.

A tout billet renouvelé, on ajoute d'habitude l'intérêt calculé à raison de 5 p. 0/0 l'an ; de même, toute dette privée est grossie de cet intérêt traditionnel du 5 p. 0/0, et ces arrangements sont même consentis par les tribunaux de toutes compétences.

Or, pourquoi ne pas ramener uniformément l'escompte commercial à 5 p. 0/0, pour tout achat fait au comptant, puisqu'aujourd'hui le 5 p. 0/0 est passé dans nos mœurs ?

De cette manière, on saurait de suite à quoi s'en tenir en tout.

Eh bien ! avec le procédé financier, tous les achats (en demi-gros) se feront au comptant, avec l'escompte de 5 p. 0/0, si bien qu'avec cette simplicité tout marchera à merveille.

*Jamais de crédit, et jamais de pertes d'argent.* Pourquoi ? Parce qu'aujourd'hui beaucoup de commerçants et autres comptent de 15 à 25 p. 0/0 pour les profits et pertes, car il y en a.

Mais cette habitude, née par la force des choses *dues*, est établie au détriment des bons clients qui paient bien, et cette habitude est une injustice très-criante, mais nécessaire, hélas !

Avec le procédé financier, tous ces inconvénients disparaissent d'un seul coup, et ce qu'il y a de plus honorablement important, c'est que les **faillites deviennent impossibles !** comme on le verra tout à l'heure, par le résumé du procédé précité.

Il n'y aura plus que l'inconduite commerciale à réprimer.

Du reste, après la prise en considération de ma proposition, je publierai la Description du *Procédé financier,* que tout le monde bien pensant comprendra parfaitement.

Si bien, que sur 36 millions d'habitants, dont 32 millions de personnes viriles, il y en aura au moins 28 millions qui l'accepteront avec enthousiasme, parce qu'avec ce procédé ils verront la fin de leurs malheurs et des nombreuses pertes d'argent.

Voici le résumé extrait de la description manuscrite.


## CHAPITRE SIXIÈME


### LE DIT PROCÉDÉ AURA POUR MISSION :

1° De créer de nouveaux débouchés industriels et autres, en permettant aux citoyens de se procurer toutes choses nécessaires pour avoir le confortable dans leur ménage et d'aimer leur intérieur.

2° D'établir par cela même un mouvement commercial considérable par son application, en facilitant des achats faits au comptant, *qui ne se feraient pas du tout,* si ce procédé restait dans le néant.

3° De supprimer toutes les contributions nuisibles à la prospérité publique, honteuses pour une nation civilisée, et surtout attentatoires à la dignité des citoyens, comme font les octrois.

4° De venir en aide aux commerçants et industriels gênés qui, par suite de manque d'affaires, se trouvent si souvent dans une situation périlleuse et finissent par succomber.


### CE QU'IL PRODUIRA AUX VILLES

#### RECETTE MUNICIPALE

Paris va nous servir d'exemple pour toutes les grandes villes : cette métropole renferme (1873) 1,851,000 habitants, formant : 462,750 ménages de 4 têtes en moyenne chacun ; mais il n'y a que 154,250 familles.

Le produit commercial de ce procédé est considérable, et la recette municipale à 1 p. 0/0 d'impôt, est de : **79,040,000 fr.** pour Paris.

La France possède 35,859 communes, et la recette municipale pour chacune d'elles, sera de : 12,984 fr. par année.

Cette recette sera employée : moitié au pavage et à l'éclairage des rues des petites villes et villages qui, sans le procédé, ne seront jamais éclairées, ni pavées ; et l'autre moitié de la recette précitée sera affectée à la propreté des maisons urbaines et rurales.

On comprend aisément que ce procédé financier n'est pas une entreprise privée, exploitable par des particuliers, mais bien une **question nationale** qui doit être **réalisée** au **nom** de l'Etat.

L'Etat, c'est tout le monde, régi par les lois du même pays et, par conséquent, l'Etat doit une existence convenable à tous ses *sujets*. C'est ainsi que je comprends la signification du mot Etat, et tous les citoyens honnêtes ne le qualifient pas autrement.

### RECETTES FISCALES

L'impôt indirect à 1 p. 0/0, décrit plus haut, est considérable ! car toutes les affaires particulières, agricoles, industrielles, commerciales, y compris le produit (à 1 p. 0/0) des valeurs fiduciaires et autres, donnent pour recettes fiscales, le chiffre de : 807,640,000 fr. par année : environ la moitié de la somme nécessaire pour faire face aux dépenses budgétaires.

Il faut donc trouver, non pas seulement le *double*, mais **cinq fois plus !** pour pouvoir régénérer la Patrie obérée, en cinq années.

Or, les affaires faites avec l'application du susdit *procédé*, produiront au fisc une recette totale de 2,421,120,000 fr. par année, ainsi qu'il sera péremptoirement démontré par sa description, publiée en temps utile.

Maintenant, récapitulons toutes les recettes fiscales que l'on peut conserver sans nuire à la prospérité publique, sans grever le budget des familles et sans gêner les transactions commerciales.

Quant à l'Etat, il lui sera réservé son budget ordinaire de 2 milliards 637 millions 1/2, pour faire face à ses dépenses administratives ; car enfin, pour gouverner une nation de 36 millions d'habitants, il faut un budget suffisamment rémunérateur.



2

## COMPOSITION DU NOUVEAU BUDGET

Impôt unique indirect, produit par le procédé financier à 1 p. 0/0. La part du fisc est de....... 2,421,120,000 fr.

Même impôt produit **en dehors** du procédé précité à 1 p. 0/0, pour les affaires séparées..... 807.640,000

Impôt foncier (le quart des contributions directes actuelles); les autres sont supprimés...... 393,625,794

Produits des domaines, forêts, poudres et tabacs (à 10 fr. le kilo)........................ 291,093,270

Droits des douanes et sels (réduits de moitié ici, mais on pourra les supprimer); soit de........ 95,970,000

Enregistrement (**1 fr. 50** par **acte, taxe unique**) et timbre : le quart du taux actuel, ci.. 146,502,000

Algérie : télégraphe et poste, (ancienne taxe de 20 c. par lettre affranchie, ci............... 124,550,184

Produit des railways, (**part de l'Etat**), celui de petite vitesse annulé.................... 106,000,000

Coût d'entretien des chemins vicinaux, taux actuel, mais produit par le droit de régie sur les vins, bois, etc., des communes.................... 53,735,543

Total du nouveau Budget national ci..... 4,440,236,791 fr.

Le budget de 1875 était, (y compris le déficit présumé), de......................... 2,637,525,624 fr.

L'excédant devait être, dès cette année-là, de.. 1,802.711,167

On comprend de suite le tort qu'ont pu faire à notre pays les politiciens, les faiseurs et les esprits intéressés qui, par jalousie, ont empêché la mise en pratique de tout nouveau problème qu'ils ne peuvent résoudre, tant par crainte d'être surpassés, que par esprit d'accaparement, afin de se l'approprier plus tard, en supprimant l'auteur... comme on le sait. Il n'en sera pas de même pour nous ; car aussitôt le contrat signé, je réserverai une forte somme d'argent pour tous ceux qui ont travaillé de leur mieux à produire des moyens propres à régénérer notre Patrie, lors même que leur moyen n'aurait pas été reconnu absolument pratique. Un habile administrateur doit récompenser la bonne intention ayant pour but d'élever notre réputation nationale, ou de rendre service à l'humanité.

### RÉPARTITION DE L'EXÉDANT BUDGÉTAIRE

Quand on a dans sa caisse une somme disponible de 1 milliard 800 millions par année, on peut faire bien des choses très-utiles ; surtout quand on a la volonté et la capacité de les faire.

Il s'agit maintenant de savoir à qui on devra donner ces centaines de millions.

Voici la série des opérations, pour lesquelles il faudra les employer.

### QUESTION AGRICOLE

L'agriculture, cette mère nourricière des êtres animés, a besoin qu'on lui rende de grands services ; or, sa fille industrielle, la *Géoponie*, va la porter au plus haut degré de la prospérité agricole.

La *Géoponie* est l'art de fertiliser les terres mécaniquement, de telle sorte qu'un hectare de terre ingrate produisant de 5 à 8 hectolitres de blé, en produira de 18 à 22, dès que la *Géoponie* aura semé sa science sur cet hectare, et cela, sans avoir recours aux engrais artificiels, qui ne valent rien ; l'expérience l'a démontré.

La *Géoponie* exigera : — la 1re année, 90 millions, la 2e, 130 millions, la 3e année 180 millions, la quatrième année, *rien !* Elle produira et augmentera la richesse publique et privée.

Pour rendre un réel service à l'agriculture, il faut faire toutes ces opérations *au prix de revient,* sans quoi, ce serait un trafic, une spéculation qui jetterait la perturbation partout, comme on l'a déjà fait.

### QUESTION INDUSTRIELLE

Les travaux publics sont loin d'être prospères ; témoins : les lignes du second réseau du Nord, éprouvent des insuffisances ; les Charentes, les Vendées et autres, sont dans un état voisin du séquestre.

C'est encore la faute des faiseurs et on le verra bientôt.

Puis, à l'Exposition de 1867, la France était reléguée au 4e rang dans l'ordre de la métallurgie ; et alors, veut-on qu'elle soit là première ?

Dans ce cas, l'industrie nationale exigera : 1re année, 120 millions, 2e année, 160 millions ! 3e année, RIEN ! Elle produira.

### QUESTION ARCHITECTURALE

Tous nos monuments sont des copies des arts grecs et autres.

J'ai sous les yeux le plan gravé du nouvel Hôtel-de-Ville de Vienne (Autriche) ; cette ville capitale renferme 476,000 habitants, le quart environ de la population parisienne ; mais le monument municipal de Vienne est bien 4 fois *plus beau* et plus *grandiose* que celui qu'on se propose de bâtir à Paris, sur le type de l'ancien.

Cette infériorité est non-seulement absurde, mais dégradante !

Nous voilà donc lancés encore dans une décadence de ce côté.

Comment ! la France était soi-disant le flambeau du progrès, et maintenant nous voilà en pleine décadence en tout et partout !

Allons peuple artiste ! travailleurs de la nouvelle école, c'est à nous de faire un tour de force, pour relever chez nous l'art achitectural.

Nous avons de beaux monuments, oui ! mais ils ne sont pas nés chez nous : ce sont des reproductions et rien de plus.

Or, l'architecture *gaëlique* (entièrement nouvelle) m'a demandé 22 années d'études pour dresser les plans, faire les modèles, réunir les matériaux nécessaires ; mais elle ne craint pas la concurrence.

Elle va exiger (en cinq ans) 600 millions qu'il faudra sacrifier ; mais nulle autre nation n'aura de semblables monuments,

On a déjà bien sûr compris pourquoi il a fallu produire un procédé financier capable de nous procurer les fonds nécessaires à l'édification de ces œuvres artistiques qui, certes, ne donnent aucun bénéfice.

Il a donc fallu trouver une source d'argent, un pactole qui roule des monceaux de paillettes d'or ! et savez-vous où ?... dans le *Casque* de *Minerve !* Métaphore qui sera comprise par tous.

Car vous savez aussi qu'ajourd'hui il ne faudrait pas les demander à personne et pourtant l'entreprise suivante va exiger de grosses dépenses d'argent et de travail qu'il faudra sacrifier.

### QUESTION DE GÉOGRAPHIE URBAINE

La ville de Pékin (Chine), est admirablement bien tracée, et les nouvelles villes des Etats-Unis d'Amérique sont également bien disposées, quand toutes les villes françaises sont tracées à la diable.

Les nouvelles rues de Paris sont mieux alignées, mais tout l'ensemble pêche par le principe de géographie urbaine, ainsi qu'on le verra par l'exposition des nouveaux plans de ce genre.

Aussitôt le contrat proposé signé par les autorités compétentes, je prouverai *par mes plans,* que notre Patrie aura des villes à tracés emblématiques qui n'existent nulle part ; mais cette œuvre *Villographique* coûtera 150 millions par année, parce qu'il y aura beaucoup de maisons à reconstruire, pour des raisons probantes qui serout expliquées.

Si, en 1860, on avait provoqué un concours de plans de construction des villes, pour savoir quel serait le plus avantageux, on aurait vu le plan de Nantes : un tracé emblématique, terminé en 1859, et mis au net en 1861... Les plans de Nantes et de Paris établiront le principe de la géographie urbaine très utile à tous... Mais je n'en dirai pas plus long, pour ménager une agréable surprise à mes compatriotes.

Enfin, en comparant les millions à dépenser pour refondre notre pauvre idiome, rempli de non-sens, — *ainsi qu'il sera prouvé par une autre brochure qui paraîtra après celle-ci,* — et pour doter notre littérature de tout ce qu'il faut pour rendre notre langue belle, riche, et rationnelle par elle-même, nous arriverons au chiffre respectable de 950 millions qu'il faudra sacrifier tous les ans pour ces œuvres nationales.

Maintenant voyons l'emploi utile de l'excédant budgétaire.

### RÉPARTITION GÉNÉRALE

L'excédant des recettes fiscales chiffrées plus haut, est de............................... 1,802,711,167 fr.

Sur ce restant en caisse, nous aurons à distribuer :

### 1<sup>re</sup> SÉRIE.

A la géoponie, pour fertiliser les terres ingrates, et pour établir le railway *automatique* à voie ferrée sans bois et à moteur sans feu....... 190 millions.

Aux travaux publics et à l'industrie nationale.. 120 —

A l'œuvre architecturale, ordre gaëlique, construction nouvelle, par année.................. 120 —

A la géographie urbaine, reconstruction des maisons, alignement des rues, etc.............. 200 —

A la science linguistique et à l'instruction publique, établies sur de larges bases............. 350 —

Total pour les cinq articles précités....... 980 millions.

### 2° SÉRIE.

Au complément de la suppression des octrois des villes, en outre du procédé financier............ 190 millions.

A l'hygiène publique, pour la favoriser le plus possible, en tout et partout, par année.......... 110 --

A l'hydrographie, pour améliorer la navigation, fluviale et maritime........................ 90 —

Aux établissements scolaires, industriels et autres 110 —

Au Trésor, pour rembourser la dette publique.. 300 —

A la gérance de l'entreprise dont il s'agit...... 20 —

Aux frais généraux d'installation de chantiers et autres, comme dépenses éventuelles ........... 2,711,167 fr.

Sommes égales à l'excédant précité.... 1,802,711,167 fr.

Si des commerçants se disent entre eux : « Mais il ne réserve rien au commerce, il a donc tout-à-fait oublié de le doter. »

A cela je réponds d'avance : le commerce n'a pas besoin de partager une bribe quelconque de cet excédant budgétaire ; par la seule raison qu'il aura la plus forte part de bénéfice commercial, dont le chiffre le surprendra agréablement, et il sera largement satisfait.

### RÉSUMÉ DE LA QUESTION

En 1871-72, on criait par-dessus les toits : — « Il faut régénérer la Patrie morcelée et ruinée ! Il faut refaire nos finances ! etc. »

Il est très-beau de le dire ; l'intention est patriotique, mais on voit maintenant quels sont les moyens qu'il faut employer pour régénérer notre nation blessée, malade, torturée et lancée sur la pente fatale de la décadence générale : on voit les nombreux sacrifices qu'il faut s'imposer pour en arriver à ce résultat.... Ce *n'est pas une petite affaire*.

Surtout pour un Etat comme la France qui, après avoir été saignée aux quatre *membres* par la *Pieuvre* féodale, assommée en **1792**, est replacée encore aujourd'hui dans la situation du Phrygien Laocoon... enlacée par des serpents *connus* qui l'étouffent, et maintenant il va faloir faire des efforts inouïs pour la dépétrer de cette étreinte, si on ne veut pas qu'elle meure d'une hémorrhagie, capable de la noyer dans son propre sang.

Le devoir de tout bon citoyen est donc de nous aider à la sortir de cette périlleuse situation, car notre existence ne fait qu'une avec la sienne.

Le public est écrasé d'impôts exorbitants, par suite de manœuvres machiavéliques ; les difficultés de la vie matérielle augmentent de plus en plus, par le fait des œuvres ténébreuses de ces vieux politiciens aveuglés par leurs préjugés qui, pendant qu'ils savourent l'ambroisie ne s'aperçoivent pas que la Seine est devenue le styx des pompes funèbres de Paris, parce que la misère pousse tous les jours, les uns au suicide, et les autres à la prostitution ou au crime, crime à faire frémir la moderne Thémis !

De plus, pour compléter ce lugubre tableau, la Patrie est divisée politiquement, tourmentée par les farfadets mystiques, écartelée par les cinq partis clérico-monarchiques qui se disputent ouvertement la prépondérance gouvernementale, pour glaner dans le champ des restaurations nouvelles, engraissé avec le sang de nos compatriotes.

Est-il possible, d'admettre de bonne foi, qu'une telle nation puisse vivre encore longtemps, surtout en la voyant glisser si *Romainement* sur la pente fatale, pour tomber dans le gouffre du Bas-Empire.

Non ! car les aigles du Nord planent au-dessus d'elle, la fascinant avec leurs battements d'ailes, d'Occident en Orient, pour l'étourdir ensuite.

Prenons garde qu'ils ne finissent par la mettre en lambeaux avec leurs serres acérées, comme ils l'ont déjà fait pour la Pologne, en jetant ses droits civiques et son drapeau dans le gouffre du *Malstrom !*

**Comparaison :** Voyez ce qui arrive si souvent en France pour les maisons de commerce, ou industrielles ; pour les sociétés de toutes sortes, quand la fatalité poursuit, obsède, étreint ces établissements privés, tout va mal, tout échoue, rien ne réussit ; les chefs sont dans une inquiétude mortelle, ils courent de tous côtés pour trouver un sauveur ; ils se recommandent avec instance à tous ceux qui pourraient les sauver du naufrage, mais *rien !* refus partout. Ils ne rencontrent que des individus — exploiteurs de la gêne, — qui les précipitent encore plus rapidement dans le bourbier ; alors, la catastrophe arrive à pas de géant et les plonge brutalement dans l'abîme.

Eh bien ! il en est de même du petit au grand ; les individus et les Empires sont logés à la même enseigne : quand la fatalité les frappe à coups redoublés, ils doivent succomber.

Nous avons dit, plus haut, comment était tombé le premier Empire français ; malgré la valeur personnelle de son chef dynastique, et aussi malgré la bravoure bien connue de ses soldats.

Eh ! bien, voyez ensuite la puissante constitution du second Empire. Il était si formidablement organisé, qu'il était impossible de le renverser par un révolution sociale... Ses coryphées dévoués — moyennant finance, — ses soldats convertis, ses cent mille agents provocateurs, sondant partout l'opinion publique, pour cause, ses juges acquis, condamnant tous ceux qui blâmaient les actes politiques de ce régime, ses 4 millions de partisans devenus rançonneurs par sa volonté pour se les attacher, et qui, soi-disant, devaient le soutenir jusqu'à la mort... Oui, en paroles !

Tout avait *l'air* de marcher à merveille, quand soudain la redoutable Némésis, — déesse de la vengeance des opprimés, — est venu lui dire : « Tu es un parjure comme le chef de ta race, un incorrigible comme « lui, eh bien, puisque l'échec du Mexique et la mort de Maximilien, « n'ont pas suffi pour te rendre plus clairvoyant, regarde ! Voilà « Sédan !... Et cette rivière qui coule au pied de son rempart, pour toi « ce n'est pas la Meuse, c'est ton **2e Rubicon**, que tu vas sauter, « pour retomber dans le déshonneur ! »

Tel est le sort des Empires, tel est celui des nations ; tel est aussi le sort qui frappe les maisons de commerce aux abois. Tous sombrent sous le poids des fautes accumulées par les dirigeants aveugles qui les conduisent à leur perte... Est-ce vrai ?

Combien de fois faudra-t-il donc répéter à ces insensés qu'ils sont la cause de tous nos malheurs publics et privés, par leurs coupables agissements, toujours combinés pour perpétuer leur règne ?

En voilà **trois !** qui ont trôné pendant **18** ans, — de pouvoir absolu, — mais tous les *trois* sont tombés de la même manière.

On a parlé dernièrement de faire l'essai loyal du régime actuellement en vigueur pendant sept ou huit ans ; belle affaire ma foi, quand on a fait l'essai, non pas loyal, mais sur une très grande échelle, de ces différentes dynasties, et que pas une seule n'a réussi à se maintenir au pouvoir, pour perpétuer la race de leur chef ; seulement reste à savoir s'ils ont quitté le pouvoir les mains vides ?

Ne devrait-on pas rendre responsables ceux qui, par leurs fautes, sont la cause de ces désastres, combinés de longue main, ainsi qu'on va le voir par la démonstration suivante ?

## CHAPITRE SEPTIÈME
### QUESTION DU CONTRAT CONCERNANT LA RÉGÉNÉRATION NATIONALE

#### DISPOSITION PRÉLIMINAIRE

On vient de voir que pour relancer notre char national enrayé, il faut pouvoir produire de grandes choses, sans rien demander à personne.

Je commence d'abord par indiquer nos ressources pratiques pour édifier l'opinion publique, afin que chacun puisse bien comprendre l'utilité urgente des entreprises indiquées dans cette brochure, parce qu'il faut, avant tout, démontrer ses moyens d'exécution.

Maintenant, voyons l'origine de notre situation financière.

Louis XIV a dit : « Il me faut **un milliard et demi** pour construire Versailles, où l'eau jaillira partout ! bien qu'il n'y ait là aucune rivière. »

Sur ce dire royal, le parlement se récria en disant : « Eh l'Etat ! » Quoi ! répliqua le roi-soleil : « Mais l'Etat... c'est moi ! »

Quand un despote vaniteux parle et agit ainsi, il est bien près de la démence, car l'Etat c'est tout le monde, où, en d'autres termes, tous les citoyens de la même nation, régis par les mêmes lois.

Sans nous arrêter plus longtemps sur les folies féodales et monarchiques, disons : le premier gros déficit budgétaire date de **1840** ; année où l'on compta : 112,728,463 fr. qui manquaient à l'appel du trésorier.

Depuis lors, il a toujours été en augmentant jusqu'en 1870, année où le 5° *Déficit* nous conduisit de folie en folie jusqu'à Sedan.

Eh bien ! les uns et les autres ont-ils bien gouverné les français ? Ont-ils bien géré nos finances ? Ils ont au contraire tout gaspillé.

Or, est-il temps de mettre fin à ces inqualifiables dilapidations, faites en vue de se procurer des partisans politiques, chèrement achetés ?

Est-il temps de guérir la monomanie du suicide, en relevant le moral de ceux qui ne peuvent supporter ces crises épouvantables ?

D'un autre côté, a-t-on proposé un seul moyen de régénérer notre Patrie ?

Non ! Rien d'efficace n'a été mis sous les yeux du public.

De 1871 à 75, j'ai tout fait pour arriver à un bon résultat, mais ceux qui conspirent contre les intérêts nationaux ont su brouiller les cartes avec l'intention de tout paralyser par leurs visées politiques.

### PREUVE DE DÉRÉGLEMENT

C'est au point que l'année dernière, des littérateurs, industriels et des notables m'ont dit en maudissant l'esprit de notre temps :

« S'il y a seulement **trois hommes** pour régénérer notre Patrie,
« les deux inférieurs se chicaneront et cabaleront par intérêt personnel
« pour se détruire l'un ou l'autre ; l'entrepreneur dévoué n'aboutira à
« rien de bon, et le tour sera joué. Puis, ils compromettront le di-
« recteur jusqu'au déshonneur pour assouvir leur ressentiment suggéré
« par le plus futile prétexte et qu'ils ne voudront même pas avouer.

« Si la Patrie doit se régénérer, il ne faudrait qu'un homme,
« qu'un seul patriote sincère qui put agir librement en tout et partout.

« Mais où le trouver ? Quel est le citoyen qui voudra risquer sa vie ?

« Quant à nous, convaincus de ce qui arrivera, nous renonçons. »

Voilà certes, une affirmation qui n'est pas encourageante, mais dussé-je périr sur la brèche, je reste inébranlable dans ma résolution.

Citoyens ! il faut mettre notre vaisseau démâté à flot, hisser son grand foc, et filer du nœud sur l'océan du progrès qui régénère toutes choses.

Ainsi, si je demande des garanties d'exécution, c'est pour ne pas rester en *panne*, comme autrefois par suite de mauvais vouloir.

Car enfin me voyez-vous lancé dans une entreprise multiple, d'une aussi grande importance, et être à chaque instant arrêté pour des intérêts mesquins ou par des considérations personnelles, entravant toute entreprise qui peut contrarier leur vanité, ou leur égoïsme.

Il faut que je puisse mener sûrement à bonne fin l'entreprise proposée, d'autant mieux que les capitaux ne peuvent pas manquer.

A cette occasion, il est utile, je crois, d'ajouter ceci :

On se rappelle les fameuses paroles d'un ministre connu,… disant :

« Quoi ! sire, vous voulez faire la guerre ? Mais pour cela, il faut
« trois choses : De l'argent, encore de l'argent, et toujours de l'argent !

« C'est ce qu'on appelle le nerf de la guerre ; avec ces trois choses là,
« on réussit toujours !... » — Oui ! c'est possible, mais pas en **1870** !

Eh bien ! pour régénérer la France d'aujourd'hui, ce n'est pas seulement de l'argent qu'il faut avoir, il faut réellement trois choses !

1° Des milliards à sacrifier ; 2° une capacité multiple ; 3° une volonté de fer, pour mener toutes choses à bonne fin.

Or, ici, je suis encore obligé d'ajouter ce complément :

J'ai commencé mes études industrielles, artistiques et autres, en 1848 ; j'ai constamment travaillé en silence, à produire les œuvres énoncées plus loin, et alors, voyez s'il y a là une tenacité incarnée dans mon être.

Ceci dit en passant, reprenons notre démonstration.

### RÉSUMÉ DE LA QUESTION

La vieille école française *romanisée*, a pris l'habitude de n'avoir confiance qu'aux hommes connus oratoirement, ou à ceux qui portent un nom de caste, comme par exemple, le prince président de 1848, ou a tout autre du même clan, sorti des limbes de la gent politique, qui savent si bien capter la confiance publique à leur unique profit, pour transformer les citoyens en *sujets soumis*.

Eh bien ! que dire maintenant de notre situation précaire ?

C'est au point que nos hommes d'Etat disent : « *la situation est complexe.*

Voyez chers concitoyens comme ils savent gazer l'expression.

**Enormément compliquée !...** comme vous le savez.

La trouvez-vous magnifique, cette situation complexe ?

Est-ce que vous n'êtes pas encore fatigués de payer les dettes contractées par ces personnages blasonnés, à nom sonore ?

Oui, n'est-ce pas ? Eh bien ! voulez-vous tourner vos regards vers quelques bons patriotes sincères qui, certes, ne sont pas titrés, ceux-là, ils ne promettent *rien* sans tenir leur parole comme acte de foi, parce qu'ils ne sont pas des traîtres.

Mais après avoir été trompés, trahis, dupés, exilés, ils ont de puissants motifs pour jeter leur confiance par dessus les moulins !

Et c'est pour cela même que votre très humble serviteur demande des garanties d'exécution, comme on en accorde à l'entrepreneur d'un chemin de fer avant de commencer les travaux.

Je crois en avoir assez dit, pour édifier tout le monde sur les questions pendantes... Inutile d'allonger plus amplement la péroraison.

En conséquence, je vais proposer les clauses du contrat suivant.

# CHAPITRE HUITIÈME

# PACTE NATIONAL

### DEUXIÈME RÉDACTION

Soumise à l'approbation des autorités compétentes et, simultanément, à
la sanction publique.

**Entre les soussignés, les parties contractantes, etc.**

---

Sur la proposition formelle de M. Dorso, qui se porte fort de fournir
les moyens multiples propres à régénérer la patrie dans l'espace de cinq
années, ainsi qu'il s'engage à le faire.

Nous, premiers dignitaires de la même nation nous nous engageons,
sur l'honneur, à conférer audit requérant les POUVOIRS les plus
ÉTENDUS pour lui permettre de mettre de suite à exécution les moyens
ou procédés qu'il possède et ceux de ses amis, ayant pour but la régénération générale de notre patrie, et ce, dans les conditions ci-après
stipulées.

## TITRE PREMIER
### OPÉRATIONS POLYTECHNIQUES

Art. 1er. — **Vingt-quatre heures après la signature
du présent contrat**, qui sera signé par les contractants et les autorités compétentes, M. Dorso exhibera ses plans et combinaisons, de
*Pyrotechnie* terrestre et maritime ; *de géographie urbaine et d'architecture Gaëlique ; de Mécanique et de Géoponie*, nouvelle culture ; *de
travaux publics et d'hygiène publique et privée*, en y comprenant *les
procédés financiers et autres* qui doivent lui procurer les fonds nécessaires pour les faire exécuter suivant règlement, lois et modes d'application immédiate qu'il établira.

Art. 2. — Le contractant mettra le tout en concours publics, pour
s'assurer par lui-même, s'il n'existe pas des moyens meilleurs que les
siens, et, s'il en était ainsi, il devra les adopter sans hésitation, à l'effet
de prouver son impartialité ainsi constatée.

Dans le cas contraire, si un mois après cette exhibition, nul n'a présenté de moyens plus avantageux, plus artistiques et plus aptes à régénérer économiquement notre patrie, le susdit requérant mettra ses propres
moyens à exécution.

Art. 3. — Aussitôt après la clôture des concours précités, M. Dorso
convoquera les électeurs français à l'effet de le constituer par un vote
*ratificatif*, **Directeur général** de la régénération nationale avec
tous les *pouvoirs voulus* pour mener à bonne fin cette entreprise multiple, dans l'espace de *cinq années*, après quoi il commencera ses opérations polytechniques, *ayant pour but essentiel* de *procurer* une *existence
convenable à tous ses compatriotes.*

Art. 4. — Pour résoudre efficacement ce problème *Bieusistique*, le sieur Dorso accepte en outre la clause suivante : Lorsque telle ou telle branche commerciale ou industrielle chômera, il devra pourvoir au manque d'affaires ou de travaux en créant de nouveaux débouchés industriels, et cela, sans faire éprouver le moindre retard aux corporations en chômage.

Art. 5. — Pour imprimer toute la célérité désirable à une œuvre nationale de cette importance, nous déclarons, par les présentes, que nul n'aura le droit de contrarier ou d'entraver de quelque façon que ce soit, la marche régulière de cette entreprise multiple ayant pour objet d'établir la prospérité publique sur de larges bases.

Par ces motifs, et pour que les mauvais patriotes n'en ignorent, les armées de terre et de mer sont mises à la disposition dudit requérant, pour l'aider dans tous travaux qu'il fera exécuter.

Les autorités civiles et militaires lui prêteront leur *fidèle* concours administratif pour le seconder partout où besoin sera.

Art. 6. — Chaque fois que ledit sieur Dorso occupera les militaires ou marins, il leur donnera une paie supplémentaire de **un franc 25 centimes** par homme occupé et par chaque journée de travail de huit heures, en combinant un repos d'une heure et demie au repas de midi.

Art. 7. — M. Dorso s'engage, par le présent contrat, à réaliser ladite régénération nationale, *sans demander aucun subside* ni au gouvernement, ni aux municipalités pour mener à bonne fin la susdite entreprise, les impôts étant déjà trop élevés.

Pour cela faire, il a, dès ce jour, la libre faculté de créer et d'émettre tous *procédés financiers*, propres à lui permettre de faire face aux grandes dépenses d'argent nécessitées par les nombreux travaux qu'il exécutera ou fera exécuter par qui de droit.

Art. 8. — La complication étant mauvaise en toute chose, ledit sieur Dorso a également le libre arbitre de simplifier les rouages administratifs dans les meilleures conditions possibles ; mais dans tous les cas de rénovation, transformation ou modifications commerciales, industrielles, administratives ou autres, chaque rénovation devra être préalablement consentie par un vote national, exprimé à cet effet par la majorité des votants, représentant les deux tiers des électeurs inscrits, et pour s'assurer par lui-même de la sincérité de chaque vote, il soumettra à la sanction publique, sa nouvelle loi électorale ayant pour objet de garantir les électeurs contre toute fraude et par cela même, ils seront assurés d'une sécurité complète en cette matière.

*Première condition civique pour une nation qui se régénère.*

## TITRE DEUXIÈME

### OBJETS DE L'EXPOSITION DE 1878

Art. 9. — Après avoir éprouvé de nombreux retards dans ses études, retards qu'il a subis par suite de mauvais vouloir, M. Dorso n'ayant plus assez de temps pour se procurer en cette année 1877 les fonds nécessaires à la fabrication des différents objets et grands appareils qui doivent figurer à l'exposition prochaine, l'État français lui ouvre un crédit correspondant au coût desdits objets, mais à la charge par lui de rembourser à l'État les avances de fonds qui lui seront faites, et le surplus de ses produits bruts qu'il recueillera de ses objets exposés et autres, servira à couvrir les dépenses nécessitées par l'édification du nouvel Hôtel-de-Ville de Paris, construit d'après ses plans exposés, si toutefois ces dépenses ne dépassent pas **quarante-cinq millions.**

Art. 10. — Le crédit que l'Etat lui ouvrira servira :

1° A installer les ateliers, laboratoires et chantiers de construction des susdits objets, ainsi qu'à payer les travailleurs suivant mérite.

2° A acheter les matières premières nécessaires, et à confectionner les plans, cartes, modèles, machines et autres objets qu'il devra exposer dans les endroits désignés par le jury.

3° A organiser la mise en concours des plans, modèles et cartes produits, soit par lui ou par tout autre concurrent qui voudra concourir, afin que tous moyens destinés à la régénération nationale soient établis concurremment pour choisir les meilleurs, et, pour cela faire, le Palais de l'industrie des Champs-Elysées est dès ce jour mis à la disposition du requérant pour y installer ses ateliers, bureaux, chantiers d'étude, etc. , et la grande nef dudit Palais servira aux concours publics mentionnés plus haut,

TITRE TROISIÈME

DÉGRÈVEMENT DES IMPOTS

Art. 11. — L'Etat ouvre à M. Dorso le crédit précité pour commencer ses opérations multiples, mais à la condition qu'il s'arrangera de manière à supprimer les octrois urbains dès le 1er juillet 1878 et à fournir aux municipalités des sommes d'argent équivalentes aux recettes actuelles de chaque octroi cantonnal pour permettre à ces administrations de faire face à leurs dépenses usuelles, — à l'entretien et à l'éclairage des villes et des villages — tout en garantissant les citoyens contre toute fraude ultérieure en établissant un contrôle de *sécurité générale.*

Et de plus, le requérant devra surtout exiger que la *salubrité* des *habitations, ateliers* et *autres lieux,* soit maintenue dans un état parfait, afin que l'hygiène publique soit établie dans les meilleures conditions possibles, le **tout à ses frais, risques et périls ; dégageant ainsi les autres contractants** de toute **responsabilité,** concernant l'entreprise multiple dont il s'agit.

Art. 12. — D'après ce qui précède, le susdit requérant ajoute :

Pour régénérer complètement une nation obérée comme la nôtre, il ns suffit pas de perfectionner son industrie, son commerce et autres, il faut encore la débarrasser de sa grosse dette publique qui pèse lourdement sur ses sujets consommateurs qui supportent les charges budgétaires.

En conséquence, M. Dorso devra amortir la dette consolidée dans l'espace de **cinq années,** avec l'application de ses propres moyens ; mais sans **nuire à l'exercice de l'administration gouvernementale,** qui **agira** de **concert** avec **lui,** afin que *tout se réalise* au *nom* de l'*Etat.*

En foi de quoi les dignitaires soussignés acceptent et ratifient les clauses du présent **Pacte National,** qui, à partir de ce jour, a force de loi dans toute sa teneur, laquelle devra être scrupuleusement observée par les autorités civiles et militaires de la nation française.

Le Chef de l'Etat,          Le Ministre, Président du Conseil,
représentant autorisé des autres ministres,

PAR AMPLIATION :

Le Ministre de la guerre,                Le Ministre de la marine,

...........................           ...........................

Les Présidents des pouvoirs publics constitués,

...........................

Le Procureur général de la République et de la Cour de Cassation,

...........................        ...........................

Les Premiers présidents du Tribunal de Commerce,

...........................        ...........................

L'impétrant responsable de l'exécution du présent contrat,

DORSO.

Fait à Paris, le 24 février 1877. (1)

## PREMIER PAS DE L'ENTREPRISE

La première chose à faire, pour bon entendement, est celle-ci :

Je demande la convocation du conseil des ministres présidé par le Chef d'Etat, pour expliquer *cinq machinations* et *onze griefs* concernant les agissements subversifs de certains français qui s'appliquent à **user** tout gouvernement établi contre leur gré, par leurs manœuvres concertées, dans l'unique but de favoriser leurs passions, leurs préjugés, mais surtout leurs convoitises matérielles, faites au détriment de l'honneur et des intérêts de toute une nation paisible, et qui veut vivre honnêtement en travaillant.

On commencera par une double question maritime dont une concernant l'auteur sus-nommé et l'autre la marine marchande.

## CONCLUSION

On a déjà sans doute compris pourquoi je demande de sérieuses garanties d'exécution, avant d'entreprendre les travaux.

Pour exposer convenablement toutes mes œuvres, il me faudra tout le Palais de l'Industrie ; le plan détaillé et le modèle au 20°, du *Magirme* (nouvel Hôtel-de-Ville) remplira tout le côté Est dudit Palais avec quelques pièces exécutées en grandeur naturelle, dont le tout coûtera 400,000 fr. (en modèle et plan).

(1) Ce traité a été réellement rédigé et signé le 24 février, mais quelques remaniments du texte de la brochure et le temps de l'imprimer, ont conduit la publication à ce jour, 18 avril 1877, et soumis à l'approbation des autorités compétentes.

Mais aurais-je le temps de tout construire pour l'Exposition prochaine ?

Maintenant, pour répondre aux sceptiques, plusieurs amis consultés m'ont dit: « Si vous ne donnez pas de suite quelques références de « capacité, le public, ayant été si souvent trompé, ne croira pas au texte « du contrat proposé, et encore bien moins les spécialistes. »

Eh bien, puisque je suis encore obligé de faire des citations personnelles contre mon gré, je vais répondre en conséquence; car il ne suffit pas de dire : je suis ceci, je suis cela, il faut le prouver.

Praticien de huit corps d'états, je peux tout modeler par moi-même, et alors, j'ai *cinq brevets* d'articles nouveaux, de cinq industries différentes, dont un chemin de fer complet ; tout est nouveau, depuis la voie ferrée sans bois jusqu'aux moteurs sans feu ; il n'y a plus ni ateleur de wagons, ni aiguilleurs spéciaux ; c'est le machinistes qui s'aiguille, et enfin les accidents sont impossibles.

Ceci n'est déjà plus une simple affaire d'intérêt personnel ; c'est une question nationale, puisque c'est un service public (1).

Or, pour répondre aux optimistes qui fourmillent en France, je leur dirai : Sur cinq brevets, les *Routinistes* ont trouvé le moyen d'en paralyser *trois*, par esprit d'accaparement — et leurs intrigues seront divulguées devant les tribunaux compétents,— de telle sorte que deux brevets seulement sont présentement en activité. Si les dénigreurs soudoyés ne m'avaient pas paralysé en disant que notre railway automatique était une *concurrence redoutable*, cette œuvre industrielle aurait rendu de grands services à notre pays ; j'aurais aujourd'hui au moins six millions, légitimement gagnés, et il n'y aurait pas quatre petites compagnies de chemins de fer secondaires qui sont actuellement dans des embarras inextricables, dont deux lignes sont, depuis peu, sous séquestre.

Voilà, modernes pharisiens, le résultat de vos machinations. Si la France est en pleine décadence, en tout et partout ; si elle est supplantée sur les marchés étrangers, c'est encore de notre faute.

Où nous conduisez-vous donc ? A notre annihilation ; car, naguère encore, les puissances européennes disaient: « La France est pourrie, « et si elle succombe, elle n'aura que ce qu'elle mérite. »

Voilà, détestables *Faiseurs*, le mal que vous avez fait ; car enfin, si la France est ainsi, qui donc l'a corrompue ? Vous ne le saurez que trop tôt pour votre malheur.

A cet énoncé, beaucoup de bons citoyens diront: « Mais si une autre

(1) Je découvre aujourd'hui, 2 mars 1877, un railway aérien établi en Amérique, railway que j'ai exposé en 1866, rue Laffite, proposé en 1868 et en 1872. Nous voilà encore supplantés de ce côté par les refuseurs systématiques de moyens proposés, mais que les étrangers intelligents adoptent.

« guérre arrivait, ils continueraient à être ce qu'ils ont été en 1870.....
« des *Francs-Fileurs.* »

## RÉSUMÉ FINAL

J'ai dit plus haut, à l'article 1er du contrat proposé, 24 HEURES après la signature des présentes, le requérant exhibera ses plans et combinaisons. Il y a sept séries (ce qui, par parenthèse, prouve un travail fait et déjà prêt à être exécuté). En effet, tout est résolu.

Or, si on ne traîne pas en longueur cette entreprise multiple, comme on a pris la malheureuse habitude de le faire, nous arriverons à temps pour l'Exposition prochaine, sans quoi, les étrangers répéteront encore, comme en 1867, en disant bien haut : « Français ! il est trop tard ; vous n'êtes plus que des copistes. »

La seule difficulté insurmontable que j'ai rencontrée est celle du mauvais vouloir incarné dans la cervelle des optimistes.

Maintenant, voulant en finir, je dirai pour toute péroraison :

Il est officiellement établi que chaque fois qu'un entrepreneur quelconque a présenté à telle ou telle personne, ou société, un contrat en règle et signé par lui, cet acte a toujours prouvé qu'il était prêt à exécuter les travaux qu'il devait mener à bonne fin, surtout en prouvant en outre que les capitaux ne manqueront pas, car enfin, il faut être sérieux en tout.

Or, c'est à quoi votre très-humble serviteur s'engage, et cela 24 *heures* après la signature du pacte national proposé.

Peut-on être plus explicite ? Peut-on être plus rond en affaires lorsqu'on dit : Le *requérant fera tout* à ses *frais, risques et périls, dégageant ainsi* les *autres contractants de toute responsabilité* concernant l'entreprise dont il s'agit. Je ne change donc rien au régime actuel, puisque les autres contractants n'ont absolument *rien* à risquer, n'étant pas responsables, et pourtant le requérant agira de concert avec *l'administration gouvernementale,* afin que **tout se réalise** au nom de l'Etat, c'est-à-dire au *nom de tous les citoyens français.*

Est-ce clair cela ? Il n'y a même pas l'ombre d'une équivoque.

Ainsi donc, si nous avons de bons patriotes en France, nous allons le savoir en nous mettant nous même au pied du mur.

En m'exprimant ainsi, j'ose espérer qu'ils entendront mon appel, qu'ils comprendront mon patriotisme, et alors, voulant rivaliser de zèle avec nous, ils s'empresseront d'imiter notre exemple, afin que la postérité puisse leur dire :

La Patrie leur doit sa régénération !

www.ingramcontent.com/pod-product-compliance
Lightning Source LLC
Chambersburg PA
CBHW061354050726
47595CB00005B/2249